W9-BFF-240

COLLECTION
ASTRO-JEUNES

LA TOURNÉE DES PLANÈTES

Pierre Chastenay

astronome

ÉDITIONS
MICHEL
QUINTIN

PLANÉTARIUM
DE MONTRÉAL

UNMUSÉUMNATUREMONTRÉAL

Catalogage avant publication de Bibliothèque et Archives nationales du Québec et Bibliothèque et Archives Canada

Chastenay, Pierre, 1962-

La tournée des planètes

(Collection Astro-jeunes)
Pour les jeunes de 8 à 12 ans.

ISBN 978-2-89435-385-1

1. Planètes - Ouvrages pour la jeunesse. 2. Astronomie - Ouvrages pour la jeunesse. I. Titre. II. Collection.

QB602.C42 2008   j523.4   C2008-940948-5

Édition : Johanne Ménard

Révision linguistique : Nicole Castéran

Recherche iconographique : Pierre Chastenay et Sophie DesRosiers

Illustrations : Sophie DesRosiers, André Rochon et Zbinek Najser

Design de collection : Standish Communications

Design graphique : Sophie DesRosiers

Infographie : Céline Forget

La publication de cet ouvrage a été réalisée grâce au soutien financier du Conseil des Arts du Canada et de la SODEC. De plus, les Éditions Michel Quintin bénéficient de l'aide financière du gouvernement du Canada par l'entremise du Programme d'aide au développement de l'industrie de l'édition (PADIÉ) pour leurs activités d'édition.

Gouvernement du Québec – Programme de crédit d'impôt pour l'édition de livres – Gestion SODEC

Gouvernement du Québec – Programme Étalez votre science

ISBN 978-2-89435-385-1
Dépôt légal – Bibliothèque nationale du Québec
                    Bibliothèque nationale du Canada

© Éditions Michel Quintin 2008
C.P. 340
Waterloo (Québec)
Canada J0N 1N0
Tél. : 450 539-3774
Téléc. : 450 539-4905
www.editionsmichelquintin.ca

08-WK-1

Imprimé en Chine

Merci à Isabel Coulombe, Sophie DesRosiers, Julie Hébert, Robert Lamontagne et Johanne Ménard pour leur lecture critique, leurs conseils et leurs encouragements.

Crédits photographiques

Couverture : NASA, Corbis, Isabelle Clément
p. 3 .... Isabelle Clément, NASA, Kitt Peak Observatory
p. 4-5 .... UAI, NASA, HST, Kitt Peak Observatory
p. 6-7 .... NASA
p. 8-9 .... NASA
p. 10-11 ...... NASA/Johns Hopkins University APL/ Carnegie Institution of Washington, NASA/NRAO/Arecibo Observatory
p. 12-13 ..... NASA, ESA
p. 14-15 ..... NASA, ESA, Académie des sciences de Russie, Chris Proctor/TBGS Observatory
p. 16-17 ..... Photo.Com, NASA
p. 18-19 ..... NASA, U.S. Naval Observatory
p. 20-21 ..... NASA, Gordon Osinski/Agence spatiale canadienne, NASA/Pat Rawlings
p. 22-23 ..... NASA, Lowell Observatory, ESA
p. 24-25 ..... NASA, INAF-Osservatorio Astronomico di Palermo, Guillaume Poulin/Cosmagora.ca
p. 26-27 ..... ESA, Jeff Kuyken/Meteorites Australia, David A. Hardy, Don Davis, NASA/SAIC/Pat Rawlings
p. 28-29 ..... NASA
p. 30-31 ..... NASA, NASA/JPL
p. 32-33 ..... NASA, Museo di Storia Naturale/Université de Florence, NASA/JPL
p. 34-35 .... NASA, American Museum of Natural History, Haags Historisch Museum, Joe Bergeron
p. 36-37 ..... NASA, ESA
p. 38-39 ..... NASA, Astrophysical Institute Potsdam
p. 40-41 ..... NASA/JPL, NASA
p. 42-43 ..... Lowell Observatory, NASA/ESA/A. Feild, NASA
p. 44-45 ..... Kitt Peak Observatory, NASA, NASA/Donald K. Yeomans, Johns Hopkins University APL, The Royal Society
p. 46-47 ..... Alain Couture, Chris Proctor/TBGS Observatory, Mario Bellegarde, Daniel Borcard, Martin Bernier, Gilles Guignier, Jupiterimages
p. 48 .... HST/NASA

DESTINATION :
LE SYSTÈME SOLAIRE

Quand j'avais ton âge, l'humanité commençait à peine à explorer les planètes du système solaire. Les images extraordinaires que les sondes spatiales nous renvoyaient de Mercure, Vénus, Jupiter et autres me fascinaient. Je me voyais marchant à la surface de Mars, survolant les lunes de Jupiter ou traversant les anneaux de Saturne. Toutes ces images du ciel me faisaient rêver d'espace…

Aujourd'hui, ma passion pour les planètes reste intacte. J'ai écrit ce livre pour la partager avec toi. Tu y découvriras les huit planètes du système solaire et tu apprendras à reconnaître leurs principaux satellites. Tu rencontreras les planètes naines, qui tournent elles aussi autour du Soleil. Enfin, tu voyageras jusque dans la ceinture d'astéroïdes et dans le sillage des comètes. Prépare-toi à en avoir plein la vue !

QU'EST-CE QU'UNE PLANÈTE?

Cette question toute simple a tourmenté les astronomes pendant bien des années. Jusqu'à récemment, on n'avait pas clairement défini une planète! Mais en août 2006, lors de l'Assemblée générale de l'Union astronomique internationale, les astronomes du monde entier se sont enfin mis d'accord: leur définition repose sur trois critères...

CRITÈRE 1

Une planète est en orbite autour d'une étoile.

Une planète est un objet non lumineux (c'est-à-dire qui ne produit pas sa propre lumière) en orbite autour d'une étoile. Dans notre système solaire, le Soleil est notre étoile. Les satellites, qui ne tournent pas autour du Soleil mais autour d'une planète, sont des lunes.

CRITÈRE 2

Une planète est ronde.

Une planète est suffisamment grosse pour s'arrondir sous l'effet de son propre poids. C'est le cas des objets dont le diamètre est supérieur à environ 800 kilomètres. Les objets plus petits ont des formes plus ou moins allongées qui les font ressembler à de grosses pommes de terre. Ce ne sont donc pas des planètes.

PLANÈTES NAINES ET PETITS CORPS

Les astronomes ont créé deux nouvelles catégories pour y classer les objets du système solaire qui ne sont pas des planètes. La première regroupe les planètes naines : il s'agit d'objets ronds qui ne sont pas seuls sur leur trajectoire autour du Soleil. Cérès, Pluton et Éris sont des planètes naines. L'autre catégorie, baptisée petits corps du système solaire, réunit… tout le reste, des astéroïdes aux microscopiques poussières interplanétaires en passant par les comètes.

ÉTOILE

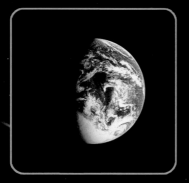

PLANÈTE

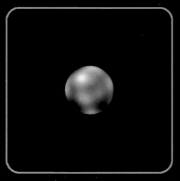

PLANÈTE NAINE

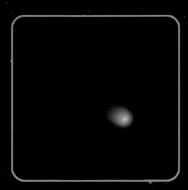

PETIT CORPS

CRITÈRE 3

Une planète domine son orbite.

Une planète est de loin le plus gros objet sur sa trajectoire autour du Soleil. Ainsi, Cérès (un objet pourtant rond qui tourne autour du Soleil) n'est pas une planète parce que son orbite se trouve au beau milieu de la ceinture d'astéroïdes. Cérès est loin de dominer cette région du système solaire !

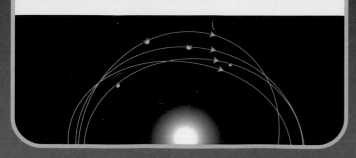

TOUR D'HORIZON

Le système solaire occupe un espace immense et les planètes sont minuscules par rapport aux distances énormes qui les séparent. Si l'on voulait représenter leur diamètre et leur orbite à la même échelle dans ces pages, il te faudrait un microscope pour voir les planètes ! Qu'à cela ne tienne, voici une vue d'ensemble qui exagère la taille des planètes mais respecte le diamètre de leur orbite. Tu trouveras aux pages 8 et 9 une représentation à l'échelle des diamètres des planètes.

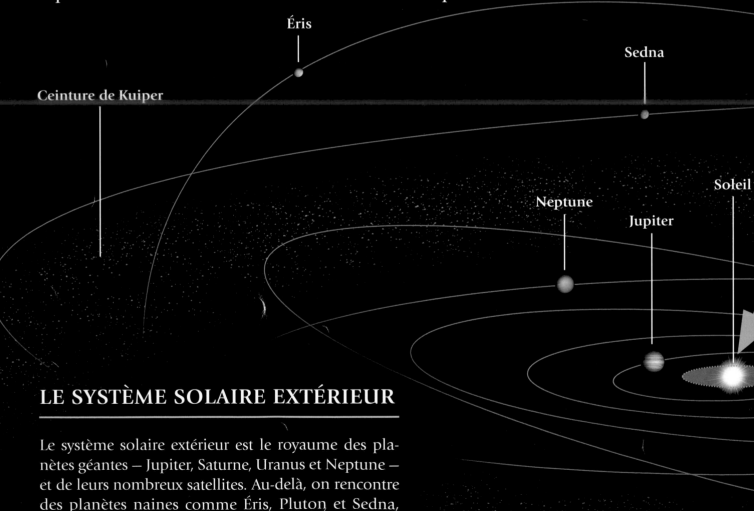

Éris

Sedna

Ceinture de Kuiper

Neptune

Soleil

Jupiter

LE SYSTÈME SOLAIRE EXTÉRIEUR

Le système solaire extérieur est le royaume des planètes géantes — Jupiter, Saturne, Uranus et Neptune — et de leurs nombreux satellites. Au-delà, on rencontre des planètes naines comme Éris, Pluton et Sedna, ainsi qu'une multitude de petits corps glacés et de noyaux de comètes dans la ceinture de Kuiper.

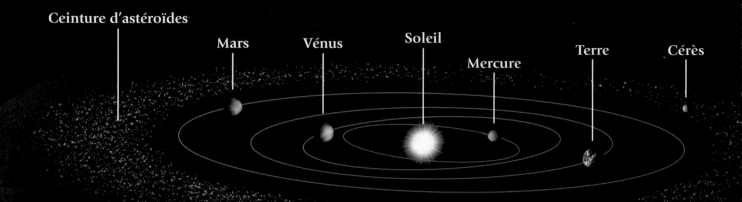

Ceinture d'astéroïdes

Mars Vénus Soleil Mercure Terre Cérès

LE SYSTÈME SOLAIRE INTÉRIEUR

Le système solaire intérieur est le domaine des planètes solides, c'est-à-dire Mercure, Vénus, la Terre et Mars. Il comprend aussi la planète naine Cérès située au cœur de la ceinture d'astéroïdes.

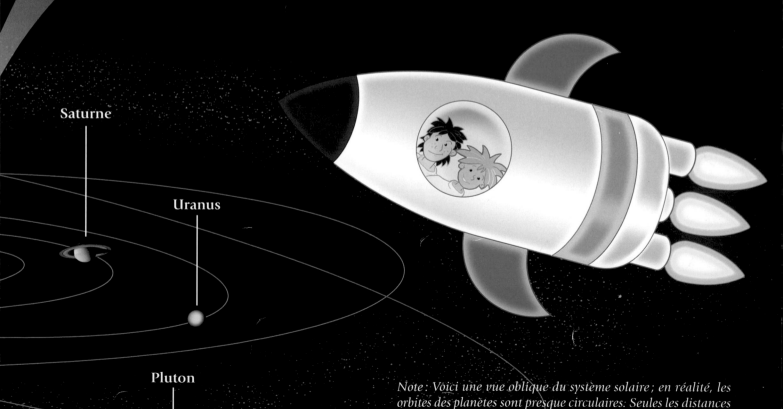

Saturne

Uranus

Pluton

Note : Voici une vue oblique du système solaire ; en réalité, les orbites des planètes sont presque circulaires. Seules les distances sont à l'échelle. Les diamètres des astres ne le sont pas : on les a fortement exagérés pour faciliter la compréhension.

LES PLANÈTES
À L'ÉCHELLE

Du Soleil gigantesque aux minuscules particules de poussières inter-planétaires, en passant par la géante Jupiter, le système solaire contient des objets d'une étonnante variété de tailles. Ici, les diamètres du Soleil et des planètes sont à l'échelle. Le Soleil est si énorme qu'on en aperçoit une infime partie seulement. À cette échelle, les objets plus petits, comme les astéroïdes et les comètes, sont à peine visibles.

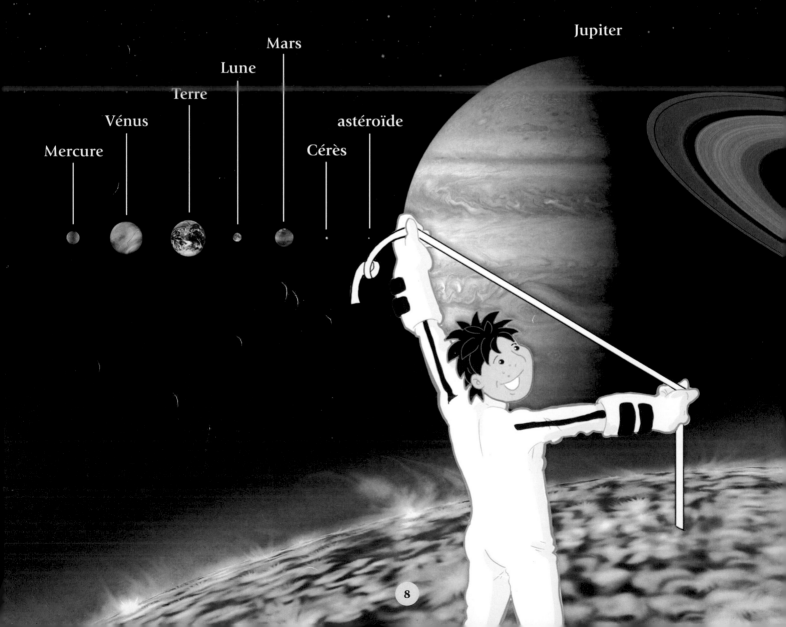

Mercure

Vénus

Terre

Lune

Mars

Cérès

astéroïde

Jupiter

L'ORDRE DES PLANÈTES

Dans quel ordre se rangent les planètes à partir du Soleil ? Arrive d'abord Mercure, puis Vénus, la Terre, Mars, Jupiter, Saturne, Uranus et Neptune (Pluton est une planète naine). Pour retenir l'ordre des planètes, souviens-toi de la phrase suivante : **M**ON **V**IOLONCELLE **T**OMBE, **M**AIS **J**E **S**AUVE **U**NE **N**OTE. La première lettre de chaque mot est aussi celle de chaque planète, dans l'ordre !

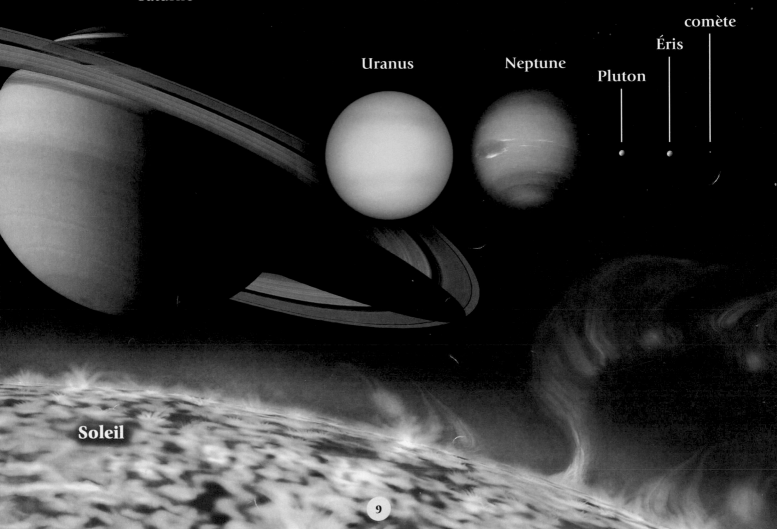

Saturne

comète

Uranus

Neptune

Éris

Pluton

Soleil

MYSTÉRIEUSE MERCURE

M ercure est la planète la plus proche du Soleil. C'est également celle qui se déplace le plus rapidement dans le ciel. Voilà pourquoi on l'a nommée en l'honneur du messager des dieux de la mythologie romaine. Mercure ressemble beaucoup à notre Lune : un petit monde désertique, dépourvu d'atmosphère et criblé de cratères.

TEMPÉRATURES EXTRÊMES…

Si tu étais sur Mercure, le Soleil tout proche t'apparaîtrait trois fois plus gros que sur Terre. Il y ferait aussi beaucoup plus chaud. Le jour, la température grimpe à près de 430 degrés Celsius. Un four de cuisine à température maximum ne dépasse pas 250 degrés… Mais dès que la nuit tombe, la température chute à 170 degrés sous zéro ! Cet écart de 600 degrés entre le jour et la nuit est le plus important du système solaire.

AU CŒUR DE MERCURE

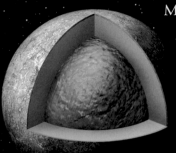

Mercure possède un noyau métallique aussi gros que notre Lune. Ce noyau est enveloppé d'un manteau de roches couvert d'une mince croûte friable. Mercure ne montre plus de signes d'activité géologique.

UNE SURFACE TOURMENTÉE

Comme la Lune, Mercure est criblée de cratères, petits et gros. Le plus vaste d'entre eux, le bassin Caloris (du mot latin signifiant « chaleur »), mesure 1 300 kilomètres de diamètre, soit plus que la distance entre Ottawa et Gaspé. L'impact à l'origine de ce gigantesque cratère a été si violent que des montagnes se sont soulevées du côté opposé de la planète. Ailleurs, des falaises d'un kilomètre de haut et de plusieurs centaines de kilomètres de long sillonnent la surface.

DE LA GLACE SUR MERCURE ?

Difficile de croire qu'il existe de la glace à la surface d'un monde où les journées sont si chaudes. Et pourtant… Grâce à un puissant radar, on a détecté de la glace au fond de cratères situés tout près des pôles Nord et Sud de Mercure. Leurs hautes parois escarpées empêchent la lumière et la chaleur du Soleil d'atteindre le fond. La température y reste constamment sous le point de congélation. La glace y a sans doute été déposée par des comètes, il y a des centaines de millions d'années.

MUSICIENS ET POÈTES

C'est l'Union astronomique internationale qui établit les règles à suivre pour baptiser les planètes, leurs satellites et leurs structures géologiques. Ainsi, on a attribué aux cratères et autres éléments du paysage de Mercure des noms d'artistes, de musiciens, de peintres et d'auteurs célèbres, comme Molière, Bach et Van Gogh.

VÉNUS,
LA PLANÈTE VOILÉE

Vénus, seconde planète du système solaire, est notre plus proche voisine dans l'espace. Elle est également l'objet le plus brillant du ciel nocturne après la Lune. C'est la raison pour laquelle on l'a associée à la déesse romaine de l'amour et de la beauté. Ce sont les nuages pâles voilant perpétuellement sa surface qui lui donnent tout son éclat. Mais sous son voile, Vénus est un véritable enfer…

UN EFFET DE SERRE INCONTRÔLABLE !

L'atmosphère de Vénus se compose à plus de 90% de dioxyde de carbone (CO_2, le gaz qui donne leur effervescence aux boissons gazeuses). Le CO_2 est un puissant gaz à effet de serre. Il agit comme les parois vitrées d'une serre et empêche ainsi la chaleur de s'échapper dans l'espace. Résultat: la température au sol dépasse 460 degrés Celsius, encore plus chaud que sur Mercure. On pourrait y faire fondre du plomb !

DES PLANÈTES JUMELLES

Vénus et la Terre se ressemblent énormément par le diamètre, la masse, la densité et la gravité. Même leur structure interne présente des similitudes: un noyau métallique, un manteau rocheux et une croûte solide. Enfin, toutes deux possèdent une atmosphère dense. Mais là s'arrêtent les points communs: contrairement à l'atmosphère de la Terre, qui contient surtout de l'azote et de l'oxygène, celle de Vénus est composée majoritairement de dioxyde de carbone, un gaz irrespirable !

UNE ATMOSPHÈRE LOURDE

La pression atmosphérique à la surface de Vénus est cent fois plus élevée que sur Terre. As-tu déjà ressenti l'inconfort dû à l'augmentation de pression sur tes oreilles lorsque tu plonges dans la partie profonde d'une piscine ? Eh bien, à la surface de Vénus, la pression est la même que celle que tu subirais sous mille mètres d'eau. De quoi écraser un sous-marin comme une simple canette !

VÉNUS COMME SI TU Y ÉTAIS !

Imagine-toi à l'intérieur d'un scaphandre capable de résister au climat infernal et à la pression écrasante de Vénus. Que verrais-tu à la surface de ce monde étrange ? Le ciel serait couvert, comme sur Terre par une journée très nuageuse. De faibles vents souffleraient et tu apercevrais de temps à autre des éclairs suivis d'un grondement de tonnerre. Tu marcherais sur un sol jonché de pierres plates et sombres comme nos roches volcaniques.

L'EXPLORATION DE VÉNUS

Depuis 2006, la sonde européenne Venus Express (ci-dessus) étudie l'atmosphère de notre voisine. Mais seul un radar permet de « voir » la surface à travers les nuages opaques de Vénus. Les Américains ont dressé les premières cartes radar (en haut à gauche), d'abord avec la sonde Pioneer Venus en 1978, puis avec Magellan de 1990 à 1994.

Pendant ce temps, les Russes ont envoyé des sondes se poser directement sur la surface. Ce ne fut pas une mince affaire ! Les sondes Venera qui ont touché le sol de Vénus n'ont fonctionné que quelques heures avant de succomber sous l'effet de la chaleur et de la pression. Quelques-unes ont tout de même réussi à nous transmettre des photos (à gauche en encadré) et des analyses de sol avant de rendre l'âme !

UN RELIEF MONOTONE

Vénus offre un relief plutôt plat. Seuls deux « continents » s'élèvent à quelques milliers de mètres au-dessus du niveau moyen de la surface. Ici et là apparaissent de rares cratères, divers types de volcans et quelques chaînes de montagnes. Le plus haut sommet de Vénus, le mont Maxwell, culmine à près de 12 000 mètres d'altitude, une fois et demie la taille du mont Everest !

LES PHASES DE VÉNUS

Savais-tu que, vue de la Terre, Vénus présente des phases comme notre Lune ? Le mécanisme est le même dans les deux cas : comme la Lune, Vénus ne produit pas sa propre lumière, mais réfléchit vers nous celle qu'elle reçoit du Soleil. Il y a donc toujours une moitié de Vénus éclairée et une moitié qui ne l'est pas. En tournant autour du Soleil, elle nous montre sa moitié éclairée sous différents angles, ce qui provoque les phases.

DES FEMMES CÉLÈBRES

Les structures géologiques de Vénus portent presque toutes un nom féminin : célébrités, déesses, figures mythologiques ou encore prénoms usuels. Cléopâtre, Maria Callas, Agatha Christie, Julie, Caroline et les autres ont toutes un cratère vénusien qui porte leur nom !

15

LA TERRE, OASIS DANS L'ESPACE

La Terre est, à notre connaissance, la seule planète du système solaire où la vie est apparue et s'est développée. Grâce à ses caractéristiques uniques, notre planète est un endroit très spécial dans le système solaire, et peut-être même dans toute la Galaxie !

AU BON ENDROIT DANS LA GALAXIE

On croit que des planètes comme la Terre ont plus de chances de se former à mi-chemin entre le centre et la périphérie de la Voie lactée, là où abondent tous les matériaux nécessaires à leur formation ainsi qu'à la chimie de la vie.

DANS L'ÉCOSPHÈRE DU SOLEIL

La Terre est située juste à la bonne distance du Soleil pour conserver un climat tempéré et l'eau à l'état liquide. Plus près de notre étoile, toute l'eau s'évaporerait. Trop loin, elle gèlerait. On nomme écosphère la mince zone autour du Soleil où la vie est possible.

Pour en savoir plus sur notre planète, consulte l'ouvrage La Terre, la Lune et le Soleil *paru dans la même collection*

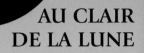

AU CLAIR DE LA LUNE

En soulevant des marées sur les bords des premiers océans terrestres, la Lune a certainement contribué au développement de la vie sur Terre. De plus, l'attraction gravitationnelle qu'elle exerce stabilise l'axe de rotation de notre planète : elle empêche la Terre de basculer sur son axe de manière catastrophique.

LES BOUCLIERS DE LA VIE

La mince couche de gaz enveloppant la Terre nous protège du vide et du froid de l'espace. Le champ magnétique qui entoure notre planète sert aussi de bouclier. Ensemble, ils protègent les êtres vivants des radiations très nocives provenant de l'espace. Sans leur protection, la vie serait impossible sur notre planète.

DES GÉANTES BIENVEILLANTES

Les grosses planètes, comme Jupiter, protègent la Terre en déviant ou en interceptant les astéroïdes et les comètes qui, autrement, viendraient la percuter et provoqueraient des cataclysmes à l'échelle de la planète.

MARS,
LA PLANÈTE ROUGE

ême à l'œil nu, la couleur rouge orangé de Mars ne t'échappera pas. Rien d'étonnant à ce que les Romains aient associé cette planète couleur de sang à leur dieu de la guerre! Mars est fort différente de la Terre. Pourtant son climat est celui qui ressemble le plus au nôtre. Du moins, si l'on aime les endroits froids et désertiques...

UNE ATMOSPHÈRE TROP MINCE ...

Comme Vénus, Mars possède une atmosphère composée principalement de dioxyde de carbone (CO_2). Mais sur Mars, pas d'effet de serre qui s'emballe : la pression atmosphérique est si faible que la planète ne parvient pas à retenir la chaleur provenant du Soleil. Résultat : la température moyenne y descend à 80 degrés Celsius sous zéro, plus froid qu'en Antarctique ! Cette faible pression a une autre conséquence : l'eau à l'état liquide ne peut exister sur Mars. Si un astronaute y débouchait une bouteille d'eau, tout son contenu s'évaporerait en raison de la basse pression !

Phobos

LES SAISONS MARTIENNES

Les régions tempérées de Mars connaissent quatre saisons fort contrastées, comme sur Terre. Mais puisque une « année » martienne (le temps nécessaire pour effectuer une orbite autour du Soleil) équivaut à presque deux années terrestres, chaque saison y dure six mois. Les calottes polaires, composées de glace et de gaz carbonique gelé, s'agrandissent en hiver et rétrécissent en fondant l'été… Comme sur Terre !

hiver

automne

été

printemps

Deimos

UNE PLANÈTE ROUILLÉE

Sais-tu pourquoi Mars est rouge ? C'est parce qu'elle est rouillée ! Sa surface est couverte d'une fine couche d'oxyde de fer, qui n'est rien d'autre que de la rouille. Le vent qui y souffle en permanence soulève cette poussière, ce qui donne au ciel de Mars sa couleur orangée. Parfois de violentes tempêtes de sable font rage sur l'ensemble de la planète pendant plusieurs semaines…

MERCI, MADAME HALL !

Depuis plusieurs nuits déjà, l'astronome américain Asaph Hall observait Mars à la recherche de satellites en orbite autour de la planète rouge. En vain. Il était sur le point d'abandonner lorsque sa femme, Angelina, le convainquit d'y consacrer une dernière nuit. Ce fut la bonne ! Hall découvrit Deimos (« terreur », en grec) le 12 août 1877 et Phobos (« peur ») quelques nuits plus tard. Pour remercier Mme Hall de ses précieux encouragements, le plus grand cratère de Phobos, large de 10 kilomètres, a été baptisé Stickney, d'après son nom de jeune fille.

On trouve sur Mars des formations géologiques imposantes, comme Olympus Mons, le plus haut volcan du système solaire, avec ses 27 kilomètres d'altitude — trois fois la hauteur du mont Everest ! Sur Terre, la base de ce gigantesque volcan couvrirait tout le sud du Québec…

… ET CANYONS

Le canyon Valles Marineris mesure 300 kilomètres de large, 7 kilomètres de profondeur et s'étire sur près de 5 000 kilomètres, soit la distance qui sépare Montréal et Vancouver ! Valles Marineris est dix fois plus long que le célèbre Grand Canyon des États-Unis…

Île Devon

MARS COMME SI TU Y ÉTAIS !

Il existe sur Terre un endroit qui ressemble à s'y méprendre à la surface de Mars : le cratère Haughton de l'île Devon, dans l'Arctique canadien. Creusé il y a 23 millions d'années, il mesure 20 kilomètres de diamètre. Seul cratère terrestre connu situé dans un désert polaire, il est très semblable à ceux de Mars. Les agences spatiales canadienne et américaine ainsi que de nombreux centres de recherche du monde entier utilisent ce site pour tester diverses technologies destinées à l'exploration de la planète rouge. On songe même à y entraîner des astronautes en vue d'une éventuelle mission habitée vers Mars !

DES SCIENTIFIQUES ET DES ARTISTES

Les noms des principaux cratères martiens rendent hommage à des scientifiques qui se sont intéressés à la planète rouge et à des artistes qui s'en sont inspirés, notamment de nombreux auteurs de romans de science-fiction dont l'intrigue se déroule sur Mars.

UNE COLONIE MARTIENNE

On envisage l'envoi d'astronautes vers la planète rouge dans quelques décennies. Le trajet aller-retour durera plus de deux ans, ce qui obligera les astronautes à vivre en complète autonomie : ils recycleront l'air, l'eau et la nourriture indispensables à leur survie. Bien que ce projet promette d'être long et très coûteux, cela n'empêche pas de rêver au jour où les humains établiront une première colonie sur Mars. Peut-être seras-tu du voyage !

Y A-T-IL DE LA VIE SUR MARS ?

Pour que la vie apparaisse, il faut de l'eau. Et c'est justement pour savoir s'il y a déjà eu de l'eau sur Mars qu'on a lancé, au cours des dernières années, de nombreuses sondes spatiales vers notre voisine. On y a fait des découvertes fascinantes…

LES MARTIENS DE M. LOWELL

Vers la fin du 19e siècle, l'Américain Percival Lowell entreprend de cartographier les structures qu'il perçoit à la surface de Mars. Il pourrait s'agir, selon lui, de canaux d'irrigation construits par une civilisation très avancée. Mais les premières photos prises par la sonde américaine Mariner 4 en 1965 nous ont plutôt révélé un monde aride et froid, bien loin des visions fantaisistes de Lowell ! Ses canaux n'étaient qu'une illusion d'optique, résultat des trop longues heures passées l'œil rivé à l'oculaire du télescope !

DE L'EAU SUR MARS ?

Les preuves que la planète rouge a déjà regorgé d'eau s'accumulent. Des photographies prises par les sondes orbitales montrent des lits de rivières asséchées s'écoulant dans des vallées autrefois inondées. À la surface, les robots géologues américains Spirit et Opportunity ont découvert des minéraux qui ne peuvent se former qu'en présence d'eau. Enfin, la sonde américaine Mars Odyssey et l'européenne Mars Express ont décelé de vastes quantités de glace sous la surface, dans la région du pôle Sud martien.

S'il y a déjà eu de l'eau sur Mars, y a-t-il également eu de la vie ? Selon de nombreux scientifiques, des bactéries très primitives ont pu exister sur la planète rouge il y a trois à quatre milliards d'années. Il est même possible que la vie soit d'abord apparue sur Mars et qu'elle ait été transportée sur Terre par une météorite, arrachée de la surface martienne et tombée ensuite sur notre planète. Nous sommes peut-être les descendants des premiers Martiens !

FUTURES EXPLORATIONS MARTIENNES...

Comment déterminer s'il y a déjà eu de la vie sur Mars ? Pour en avoir le cœur net, de nombreuses agences spatiales préparent des sondes qui se poseront sur Mars, récolteront des échantillons de sol et les ramèneront sur Terre où ils seront analysés en laboratoire. S'il existe des traces de vie primitive, ces analyses devraient nous les révéler !

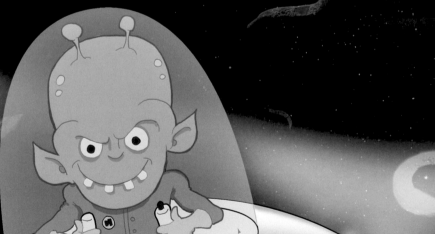

MARS ATTAQUE !

La science-fiction aime les Martiens belliqueux... Depuis le roman *La Guerre des mondes* jusqu'au film *Mars attaque !*, la Terre n'en finit plus de repousser les assauts de Martiens assoiffés qui convoitent l'eau de notre planète. Heureusement, dans ce cas, la fiction dépasse la réalité !

CÉRÈS
ET LES ASTÉROÏDES

L'espace entre les orbites de Mars et de Jupiter est rempli d'une multitude de corps rocheux de toutes tailles qui forment la ceinture d'astéroïdes. L'étude des astéroïdes, véritables fossiles de l'époque de la formation du système solaire, revêt une grande importance pour comprendre l'origine et l'évolution du Soleil et des planètes… et évaluer les risques que ces gros cailloux font courir à notre planète et à ses habitants !

BONNE ANNÉE, M. PIAZZI !

L'astronome italien Giuseppe Piazzi ne se doutait pas que la nuit du 1er janvier 1801 allait changer sa vie. Ce soir-là, il se rend à l'observatoire de Palerme, en Sicile (Italie), pour poursuivre ses recherches. En tentant d'identifier une étoile inconnue, il s'aperçoit qu'il vient de découvrir un tout nouvel objet en orbite autour du Soleil ! Piazzi le baptise Cérès, du nom de la déesse romaine des récoltes et patronne de la Sicile.

PLANÈTE ? ASTÉROÏDE ? NON, PLANÈTE NAINE !

Au moment de sa découverte, on a cru que Cérès était une nouvelle planète. Mais au cours des années qui suivent, on découvre des dizaines d'autres corps similaires, que l'astronome anglais William Herschel nomme «astéroïdes», ce qui signifie «semblable à une étoile». Avec un diamètre de 940 kilomètres (environ le quart du diamètre de notre Lune), Cérès a longtemps été le plus gros astéroïde. Mais selon la nouvelle définition de l'Union astronomique internationale, Cérès est désormais une planète naine. Les définitions changent, mais c'est toujours le même objet !

LA CEINTURE D'ASTÉROÏDES

Les astéroïdes sont si petits et la ceinture d'astéroïdes, si vaste que tu pourrais facilement traverser cette région du système solaire sans jamais approcher l'un d'eux… On est loin des films de science-fiction où les astronautes doivent naviguer au milieu d'un véritable champ de cailloux ! Pour les astronomes, les astéroïdes représentent des restes qui, lors de la formation du système solaire, n'ont jamais pu se regrouper pour constituer un corps unique. Si cela avait été le cas, la planète ainsi formée aurait mesuré à peine 1 500 kilomètres de diamètre, soit le tiers du diamètre de notre Lune ! On estime que moins de 10 % de tous les astéroïdes sont connus et répertoriés. Il reste encore du travail pour plusieurs générations d'astronomes !

COMMENT NOMME-T-ON LES ASTÉROÏDES ?

C'est l'Union astronomique internationale qui leur attribue un nom selon la règle suivante : un nombre indiquant l'ordre de sa découverte suivi d'un nom, par exemple 2001 Einstein, 4843 Mégantic (l'observatoire québécois, photo ci-dessus) ou 46610 Bésixdouze (l'astéroïde du Petit Prince). Parmi les centaines de milliers d'astéroïdes connus aujourd'hui, quelques milliers seulement portent un nom. Qui sait ? Peut-être nommera-t-on un jour un astéroïde en ton honneur !

DANGER : COLLISION !

Les orbites de certains astéroïdes croisent à l'occasion celle de la Terre. Ces « géocroiseurs » font l'objet d'une surveillance constante de la part d'une batterie de télescopes automatisés. Ceux-ci les détectent et les suivent à la trace afin de prévenir une éventuelle collision avec la Terre. Mais comment se débarrasser d'un astéroïde fonçant droit sur nous ? En le faisant dévier de sa course ! On pourrait, par exemple, faire exploser quelques bombes atomiques à proximité, y accrocher un moteur de fusée ou, mieux encore, une immense voile solaire, puis laisser le vent solaire faire le travail !

À LA CHASSE AUX MÉTÉORITES !

Les météorites sont des fragments d'astéroïdes ou de comètes qui atteignent la surface de la Terre. Ces « pierres tombées du ciel » sont une source d'information inestimable sur l'origine du système solaire. C'est pourquoi les scientifiques recherchent activement ces précieux cailloux. Si tu découvres une pierre étrange, assure-toi d'abord qu'un petit aimant colle à sa surface. Si, de plus, la pierre est lourde et que sa surface est lisse et sombre, comme si elle avait été brûlée, tu tiens peut-être une météorite entre tes mains ! Apporte ta trouvaille au planétarium le plus près de chez toi où on en fera une analyse plus poussée.

LA FIN DES DINOSAURES

Il y a 65 millions d'années, un astéroïde ou
une comète d'une dizaine de kilomètres de diamètre
percuta la Terre à l'endroit où se trouve aujourd'hui la péninsule du Yucatán, au
Mexique. Le bolide perfora la croûte terrestre et provoqua éruptions volcaniques,
tremblements de terre et raz-de-marée à l'échelle de la planète. Des pluies acides
et toxiques empoisonnèrent la biosphère. D'immenses feux de forêt rem-
plirent l'atmosphère de suie et le ciel devint opaque, bloquant la lumière
du Soleil durant plusieurs mois. Il s'ensuivit un long hiver planétaire
qui terrassa les dinosaures et près de 75 % de toutes les espèces vivantes.
Seules quelques-unes survécurent, dont les premiers mammifères,
nos lointains ancêtres…

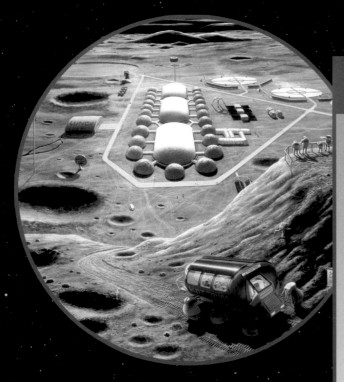

MINER LA CEINTURE D'ASTÉROÏDES ?

Que dirais-tu d'aller un jour travailler comme
mineur spécialisé… sur un astéroïde ? Ces objets
célestes pourraient nous fournir énormément
de fer, de nickel et d'autres métaux, ainsi que
de l'eau en abondance et une foule de composés chimiques utiles. L'astéroïde 3554 Amun
en est un bon exemple : il se compose presque
exclusivement de fer et de métaux précieux,
comme l'or et le platine. Mesurant un peu plus
de deux kilomètres de diamètre, il contient
30 fois plus de métaux que tout ce que les
humains ont extrait du sol terrestre jusqu'à
présent. Au prix actuel de ces produits sur le
marché, on pourrait en tirer plus de 20 000
milliards de dollars… à condition de pouvoir
ramener cette manne sur Terre sans encombre !

LA GÉANTE JUPITER

Associée au dieu suprême des Romains, Jupiter est la planète des superlatifs. Elle est la plus grosse du système solaire et également la plus massive : sa masse est deux fois et demie supérieure à celle de toutes les autres planètes réunies. Avec plus de 60 satellites, elle constitue un véritable système solaire miniature. Au royaume du Soleil, Jupiter est véritablement la reine des planètes !

UNE ATMOSPHÈRE TOXIQUE

Jupiter se compose majoritairement d'hydrogène (86 %) et d'hélium (13 %), les deux éléments chimiques les plus simples et les plus abondants de l'univers. L'hydrogène est un gaz toxique. Nous ne pourrions pas respirer dans cette atmosphère empoisonnée…

DES TOURBILLONS DE COULEURS

Outre l'hydrogène et l'hélium, l'atmosphère de Jupiter contient des traces de méthane, d'ammoniaque, d'eau, de sulfure d'hydrogène et de divers autres composés chimiques. Ce sont des impuretés mélangées à ces gaz qui donnent leurs jolies couleurs aux diverses bandes et aux tourbillons qui agitent l'atmosphère de la géante.

UNE PLANÈTE SANS SURFACE

Contrairement à Mercure, Vénus, la Terre et Mars, Jupiter ne possède pas de surface solide sur laquelle tu pourrais marcher. Elle est constituée principalement d'hydrogène et d'hélium, deux éléments qui existent à l'état gazeux sur Terre. C'est pourquoi on dit souvent que Jupiter est une géante gazeuse. Mais ce n'est pas tout à fait exact. En réalité, l'hydrogène liquide et l'hydrogène métallique occupent la majeure partie de son volume ; seules les couches supérieures de son atmosphère se présentent sous forme de gaz. On croit qu'un noyau de roches et de glace de la taille de la Terre occupe le centre de la planète.

LA GRANDE TACHE ROUGE

La grande tache rouge de Jupiter est unique en son genre. Elle est si vaste qu'elle pourrait contenir deux planètes Terre ! Découverte par l'astronome anglais Robert Hooke en 1664, il s'agit d'une gigantesque tempête qui fait rage dans l'atmosphère de Jupiter depuis près de 350 ans ! Les vents y soufflent à plus de 1 000 kilomètres à l'heure et des orages violents accompagnés d'éclairs se forment régulièrement à sa périphérie.

UN CHAMP
MAGNÉTIQUE MORTEL

Le champ magnétique de Jupiter est 20 000 fois plus puissant que celui de notre planète. Il s'y produit régulièrement de brillantes aurores polaires semblables à celles qui illuminent parfois le ciel de la Terre. Le niveau de radiations y est mille fois supérieur à la dose mortelle pour un être humain. Un astronaute n'y survivrait pas longtemps... Ces radiations peuvent même endommager les robustes circuits électroniques des sondes spatiales !

UN ANNEAU POUR JUPITER !

On a longtemps cru que seule Saturne possédait des anneaux. Quelle ne fut pas la surprise des astronomes de découvrir un anneau autour de Jupiter sur une photographie prise par la sonde Voyager 1 en 1979 ! Depuis, la sonde Galileo nous a appris que cet anneau est fait de poussières sombres de la taille des fines particules qui composent la fumée d'un feu de foyer.

CHAUDE JUPITER

Jupiter ne brille pas seulement en réfléchissant la lumière du Soleil. La planète émet en réalité deux fois plus d'énergie qu'elle n'en reçoit de notre étoile ! Si Jupiter avait été environ 100 fois plus massive, la température et la pression en son centre auraient été suffisantes pour amorcer des réactions de fusion nucléaire : Jupiter se serait « allumée » comme une étoile et nous aurions eu deux soleils dans notre ciel !

L'EXPLORATION DE JUPITER

Jupiter a reçu la visite de plusieurs sondes spatiales (toutes américaines), mais la plupart étaient en route vers des destinations plus lointaines et ne faisaient que passer : Pioneer 10 et 11 en 1973 et 1974, Voyager 1 et 2 en 1979 et Cassini en 2000. Seule la sonde Galileo s'est mise en orbite autour de la géante, qu'elle a étudiée de 1995 à 2003. Galileo transportait à son bord une sonde plus petite qui s'est enfoncée sous les nuages de Jupiter pour en analyser l'atmosphère. La petite sonde a fonctionné pendant un peu moins d'une heure avant de cesser de transmettre, victime de la température et de la pression élevées.

LES SATELLITES GALILÉENS

Les quatre plus gros satellites de Jupiter se nomment Io, Europe, Ganymède et Callisto. Ils ont été découverts en 1610 par l'astronome italien Galileo Galilei, d'où leur nom de satellites galiléens. Ces lunes sont des mondes à part entière, chacune dotée de caractéristiques propres et parfois surprenantes...

GANYMÈDE, LA PLUS GROSSE LUNE

Ganymède est le plus gros satellite du système solaire; il dépasse même Mercure en taille ! Cette énorme lune se compose d'un mélange de roche et d'eau. Contrairement à Mercure, qui s'est ratatinée en refroidissant, Ganymède gonfle au fur et à mesure qu'elle perd de la chaleur. C'est parce que l'eau, qui occupe la moitié de son volume, prend de l'expansion en gelant. Ganymède est donc comme une bouteille d'eau oubliée au congélateur !

IO, LA PIZZA TOUTE GARNIE

Lorsque les sondes Voyager ont pointé leurs caméras vers Io (prononce *iyo*) en 1979, elles y ont enregistré pas moins de neuf volcans en éruption qui crachaient du soufre dans l'espace ! La sonde Galileo en a observé des centaines au cours de sa mission. Voilà pourquoi la surface de ce satellite est couverte de composés de soufre multicolores, qui lui donnent l'air d'une pizza ! L'attraction gravitationnelle de Jupiter et des autres lunes pétrit l'intérieur d'Io. La chaleur dégagée par ces déformations continuelles explique l'intense volcanisme de ce petit monde.

CALLISTO, UN MONDE DE ROCHE ET DE GLACE

Callisto est la sœur jumelle de Ganymède, en plus petit. Cette lune de glace possède la plus forte densité de cratères de tout le système solaire, ce qui signifie que sa surface est très ancienne, peut-être la plus vieille de notre système solaire ! Les noms des satellites de Jupiter évoquent les multiples conquêtes féminines de Zeus (équivalent grec de Jupiter et fameux coureur de jupons !) ainsi que ses nombreux descendants…

EUROPE, LA LUNE GLACÉE

La surface glacée d'Europe est lisse comme une boule de billard. On croit qu'elle cache un océan maintenu au-dessus du point de congélation par les déformations continuelles dues à l'influence gravitationnelle de Jupiter et des autres lunes. Pourrait-il y avoir des formes de vie primitives, comme des bactéries, dans l'océan d'Europe ? Une future mission spatiale permettra peut-être de répondre à cette question fascinante.

SATURNE, LA REINE DES ANNEAUX

S aturne emprunte son nom au dieu romain de l'agriculture et du temps. Avec son spectaculaire système d'anneaux, elle est sans conteste la plus belle planète du système solaire. Mais là n'est pas son seul attrait ! Saturne est la seconde plus grosse planète après Jupiter. De plus, elle possède une soixantaine de lunes, dont Titan. Ce satellite, deuxième plus gros du système solaire après Ganymède, est le seul à posséder une atmosphère dense.

LES « OREILLES » DE SATURNE

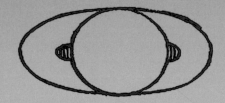

Galilée (à gauche) découvre les anneaux de Saturne en 1610. Le savant italien croit alors que la planète est affublée d'oreilles ou d'anses, comme une tasse ! En 1659, armé d'un meilleur télescope, l'astronome hollandais Christiaan Huygens (à droite) constate qu'il s'agit plutôt d'anneaux. Saturne possède littéralement des milliers d'anneaux, très étendus mais extrêmement minces : près de 300 000 kilomètres de diamètre sur un kilomètre d'épaisseur au maximum.

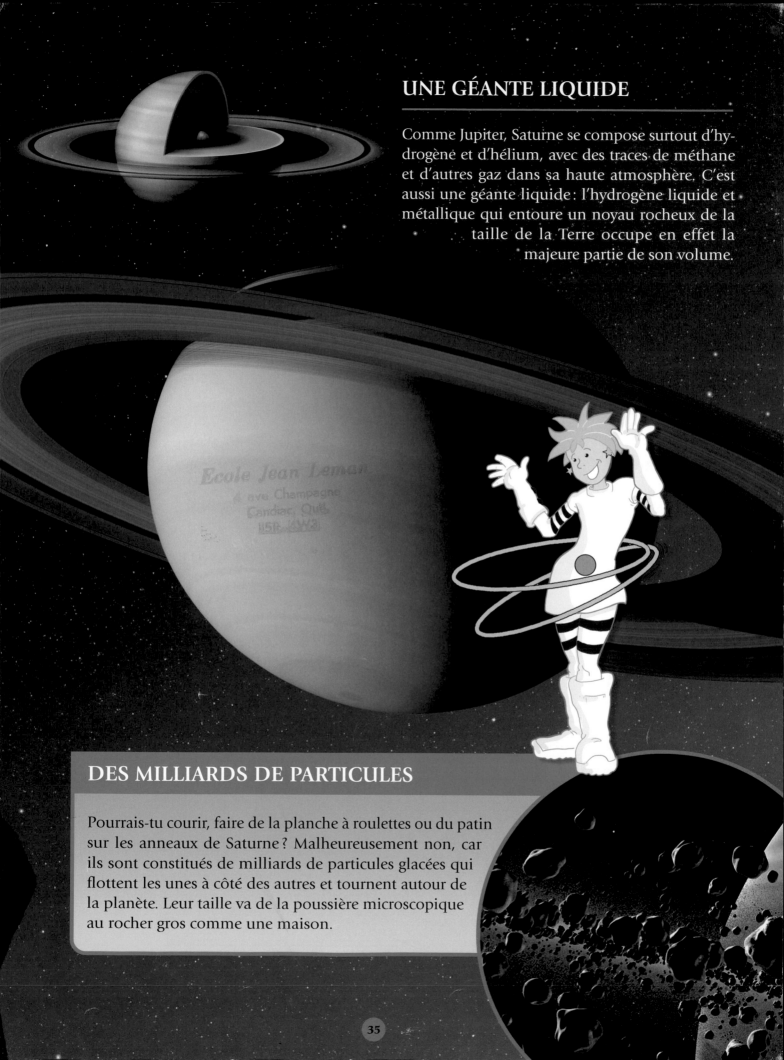

UNE GÉANTE LIQUIDE

Comme Jupiter, Saturne se compose surtout d'hydrogène et d'hélium, avec des traces de méthane et d'autres gaz dans sa haute atmosphère. C'est aussi une géante liquide: l'hydrogène liquide et métallique qui entoure un noyau rocheux de la taille de la Terre occupe en effet la majeure partie de son volume.

DES MILLIARDS DE PARTICULES

Pourrais-tu courir, faire de la planche à roulettes ou du patin sur les anneaux de Saturne? Malheureusement non, car ils sont constitués de milliards de particules glacées qui flottent les unes à côté des autres et tournent autour de la planète. Leur taille va de la poussière microscopique au rocher gros comme une maison.

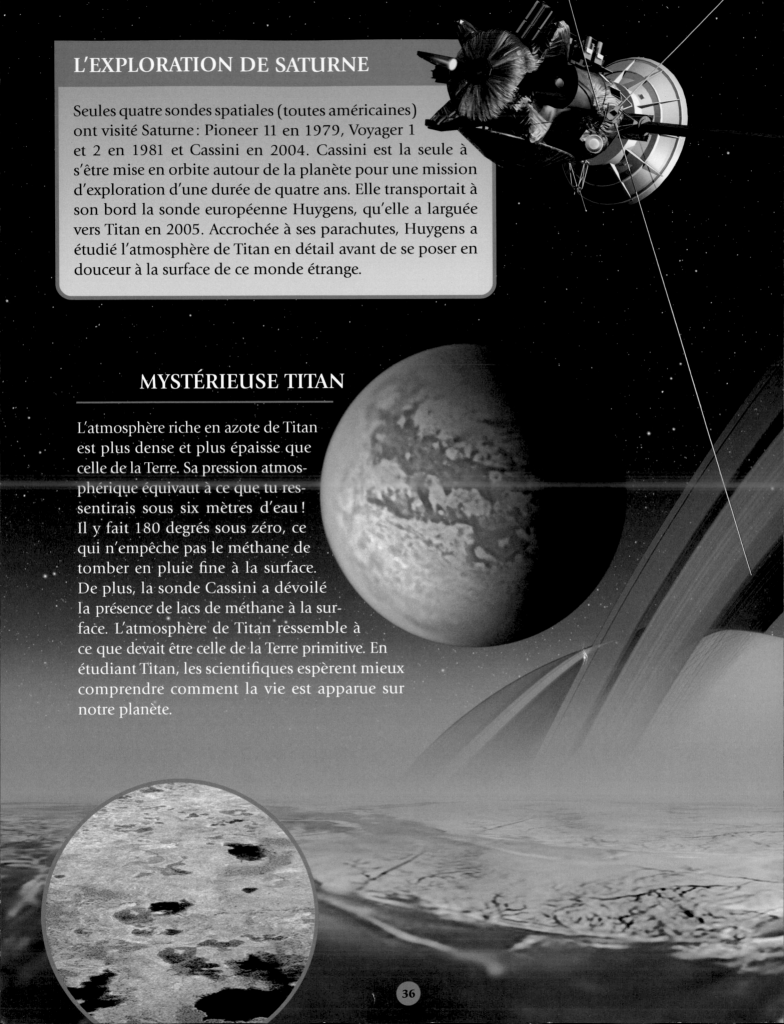

L'EXPLORATION DE SATURNE

Seules quatre sondes spatiales (toutes américaines) ont visité Saturne : Pioneer 11 en 1979, Voyager 1 et 2 en 1981 et Cassini en 2004. Cassini est la seule à s'être mise en orbite autour de la planète pour une mission d'exploration d'une durée de quatre ans. Elle transportait à son bord la sonde européenne Huygens, qu'elle a larguée vers Titan en 2005. Accrochée à ses parachutes, Huygens a étudié l'atmosphère de Titan en détail avant de se poser en douceur à la surface de ce monde étrange.

MYSTÉRIEUSE TITAN

L'atmosphère riche en azote de Titan est plus dense et plus épaisse que celle de la Terre. Sa pression atmosphérique équivaut à ce que tu ressentirais sous six mètres d'eau ! Il y fait 180 degrés sous zéro, ce qui n'empêche pas le méthane de tomber en pluie fine à la surface. De plus, la sonde Cassini a dévoilé la présence de lacs de méthane à la surface. L'atmosphère de Titan ressemble à ce que devait être celle de la Terre primitive. En étudiant Titan, les scientifiques espèrent mieux comprendre comment la vie est apparue sur notre planète.

QUELQUES LUNES DE SATURNE

UN ÉNORME CRATÈRE

Mimas possède un cratère large de 130 kilomètres, soit le tiers du diamètre de la petite lune. Ce cratère est profond de 10 kilomètres et possède un pic central presque aussi haut que le mont Everest ! La collision responsable de cet énorme trou a sûrement failli faire éclater le satellite…

UNE LUNE NOIRE ET BLANCHE

Iapetus (prononce *iyapétus*) est un monde étrange : une moitié de sa surface est blanche comme neige tandis que l'autre est noire comme du charbon. La partie sombre est constamment tournée vers l'avant tandis que Iapetus se déplace le long de son orbite. C'est ainsi que cette moitié de la lune a balayé la poussière sombre entourant Saturne et s'en est peu à peu couverte.

VOLCANISME D'EAU

Encelade montre des signes de volcanisme actif… Sauf qu'il ne s'agit pas de lave brûlante, mais d'eau ! Des images de la sonde Cassini révèlent en effet des fractures de la croûte par où l'eau s'échappe pour former un vaste nuage de vapeur au-dessus du pôle Sud. Les nombreux satellites de Saturne ont été nommés en l'honneur des Titans, créatures gigantesques de la mythologie gréco-romaine, ainsi que d'autres géants issus des traditions inuite, celte et nordique.

URANUS ET NEPTUNE, PLANÈTES JUMELLES

C omme Jupiter et Saturne, Uranus et Neptune possèdent des atmosphères composées surtout d'hydrogène et d'hélium, à quoi s'ajoute beaucoup de méthane. Ce gaz absorbe la lumière rouge et réfléchit la portion bleue du spectre des couleurs. Voilà pourquoi Uranus nous apparaît bleu-vert. Parce qu'elle contient plus de méthane, Neptune est encore plus bleue... Normal, pour une planète qui arbore le nom du dieu romain des océans !

LA DÉCOUVERTE D'URANUS...

La nuit du 13 mars 1781, l'astronome anglais William Herschel et sa sœur Caroline décèlent un objet diffus qu'ils prennent d'abord pour une comète. Mais en l'observant avec attention au cours des nuits suivantes, ils se rendent compte qu'il s'agit d'une nouvelle planète ! On lui attribue le nom d'Uranus, dieu romain du ciel et père de Saturne.

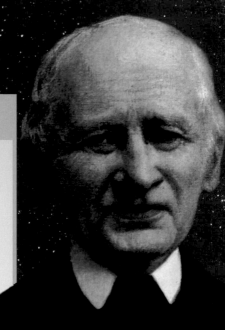

… ET DE NEPTUNE !

De nombreux astronomes ont observé Neptune avant 1846 (dont Galilée en 1612), mais tous la prennent pour une simple étoile. C'est un mathématicien, le Français Urbain Le Verrier, qui perce sa vraie nature. Le Verrier remarque des perturbations dans le mouvement orbital d'Uranus et pense qu'elles sont dues à l'influence gravitationnelle d'une planète plus éloignée. Il transmet le résultat de ses calculs à l'Allemand Johann Gottfried Galle (photo de droite), qui aperçoit Neptune dans la nuit du 23 au 24 septembre 1846, exactement là où Le Verrier l'avait prédit !

DES TEMPÊTES SUR NEPTUNE

Neptune est la planète du système solaire où l'on a mesuré les vents les plus rapides : plus de 2 000 kilomètres à l'heure ! Sur Terre, les vents les plus violents atteignent à peine 400 kilomètres à l'heure… Lors de son passage près de Neptune en 1989, la sonde Voyager 2 découvre une immense tempête dans l'atmosphère de la géante. Cette «grande tache bleue» était un ouragan suffisamment vaste pour englober la Terre. Mais lorsque le télescope spatial Hubble a photographié la planète à nouveau cinq ans plus tard, la tache avait disparu ! Depuis, une nouvelle tache est apparue dans l'hémisphère Nord de la planète. La météo sur Neptune est décidément très variable !

GÉANTES, MAIS NON GAZEUSES

Uranus et Neptune sont indéniablement des géantes : chacune pourrait facilement englober soixante planètes de la taille de la Terre ! Mais elles ne sont pas gazeuses… En effet, un noyau rocheux et un vaste océan d'eau, de méthane et d'ammoniaque occupent plus de la moitié du volume des deux planètes. Seule la partie supérieure de leur atmosphère est gazeuse.

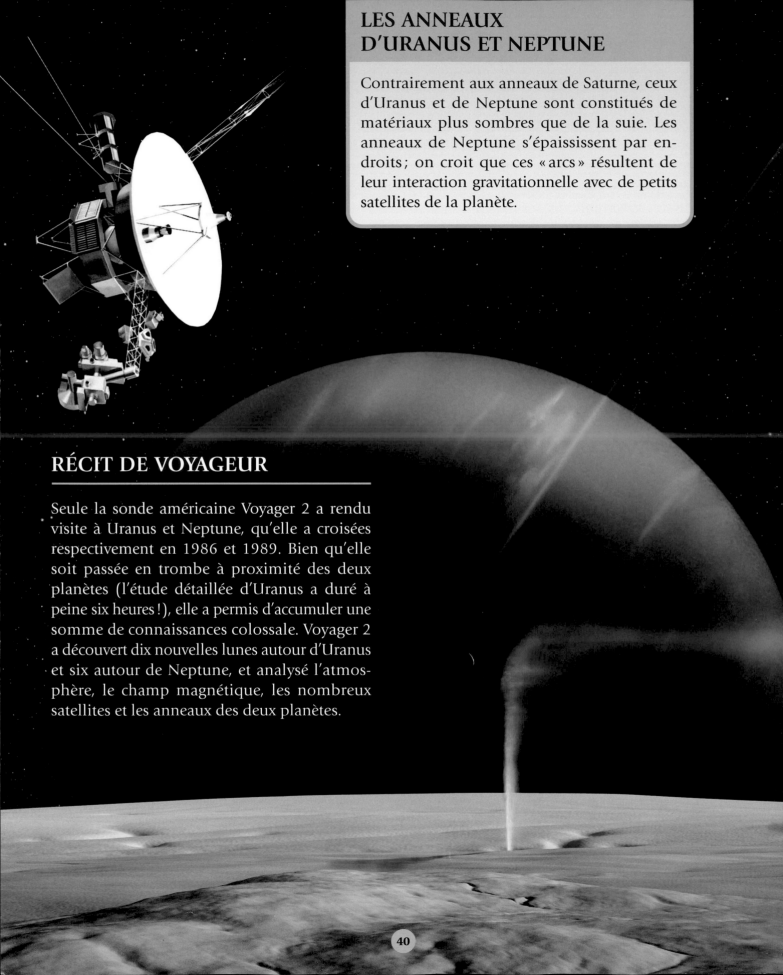

LES ANNEAUX D'URANUS ET NEPTUNE

Contrairement aux anneaux de Saturne, ceux d'Uranus et de Neptune sont constitués de matériaux plus sombres que de la suie. Les anneaux de Neptune s'épaississent par endroits ; on croit que ces « arcs » résultent de leur interaction gravitationnelle avec de petits satellites de la planète.

RÉCIT DE VOYAGEUR

Seule la sonde américaine Voyager 2 a rendu visite à Uranus et Neptune, qu'elle a croisées respectivement en 1986 et 1989. Bien qu'elle soit passée en trombe à proximité des deux planètes (l'étude détaillée d'Uranus a duré à peine six heures !), elle a permis d'accumuler une somme de connaissances colossale. Voyager 2 a découvert dix nouvelles lunes autour d'Uranus et six autour de Neptune, et analysé l'atmosphère, le champ magnétique, les nombreux satellites et les anneaux des deux planètes.

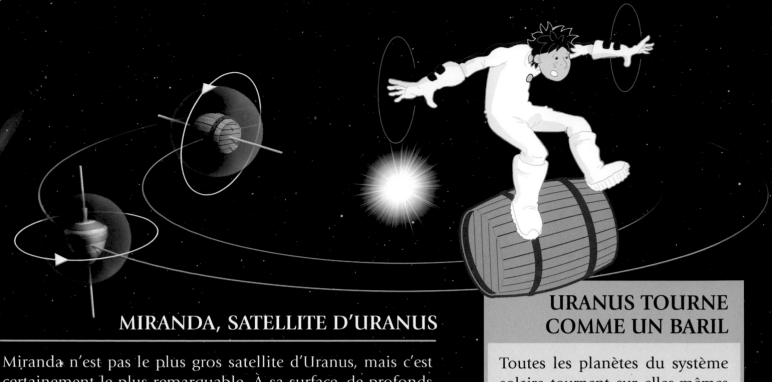

MIRANDA, SATELLITE D'URANUS

Miranda n'est pas le plus gros satellite d'Uranus, mais c'est certainement le plus remarquable. À sa surface, de profonds canyons, des montagnes et des plaines s'enchevêtrent de manière chaotique. On croit que cette lune a volé en éclats à la suite d'une violente collision. Les morceaux se seraient ensuite « recollés » au hasard, de façon désordonnée... Les 27 satellites d'Uranus revêtent les noms de personnages du dramaturge anglais William Shakespeare et de son compatriote, le poète Alexander Pope.

URANUS TOURNE COMME UN BARIL

Toutes les planètes du système solaire tournent sur elles-mêmes comme des toupies. Toutes sauf une. Uranus, elle, roule plutôt comme un baril. Son axe de rotation est couché sur le côté. Cette forte inclinaison pourrait être le résultat d'une violente collision qu'aurait subie Uranus dans le lointain passé du système solaire.

TRITON, SATELLITE DE NEPTUNE

Triton est le principal satellite de Neptune. Contrairement aux autres gros satellites du système solaire, cette lune tourne autour de Neptune dans le sens contraire de la rotation de la planète. Voilà pourquoi les astronomes pensent que Triton était à l'origine un satellite du Soleil que la planète a capturé. À sa surface, qui ressemble à la peau d'un cantaloup, des geysers soufflent de la neige d'azote à plusieurs kilomètres d'altitude. Les 13 lunes de Neptune portent les noms de figures de la mythologie grecque associées au dieu de la mer.

PLUTON, LA PLANÈTE NAINE

Après la découverte de Neptune, on se mit à la recherche d'une neuvième planète au-delà de l'orbite de la géante. La quête de la mystérieuse planète X était lancée ! Elle allait mener à la découverte de Pluton par l'astronome américain Clyde Tombaugh, le 18 février 1930… et à celle d'une foule d'autres objets de taille similaire situés sur des orbites semblables, aux confins du système solaire.

UN MONDE À PART

Pluton est un monde à part. Son orbite, très inclinée et très excentrique (allongée) par rapport à celles des autres planètes, fait varier presque du simple au double sa distance par rapport au Soleil. Avec un diamètre d'à peine 2 400 kilomètres (la moitié de celui de notre Lune !), Pluton est un petit monde de glace et de roche qui ressemble bien peu aux planètes…

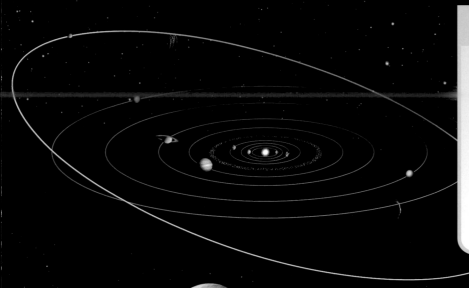

PLUTON   ÉRIS   SEDNA   ORCUS   QUAOAR   VARUNA

DE PLANÈTE À PLANÈTE NAINE

On a découvert récemment un grand nombre de mondes glacés semblables à Pluton au-delà de l'orbite de Neptune, comme Sedna, Orcus, Quaoar et Varuna. L'un d'eux, Éris, est même plus gros que Pluton ! C'est la présence de ces nombreux objets tournant autour du Soleil sur des orbites très semblables à celle de Pluton qui a amené la communauté scientifique à exclure Pluton de la liste des planètes pour en faire le prototype des planètes naines.

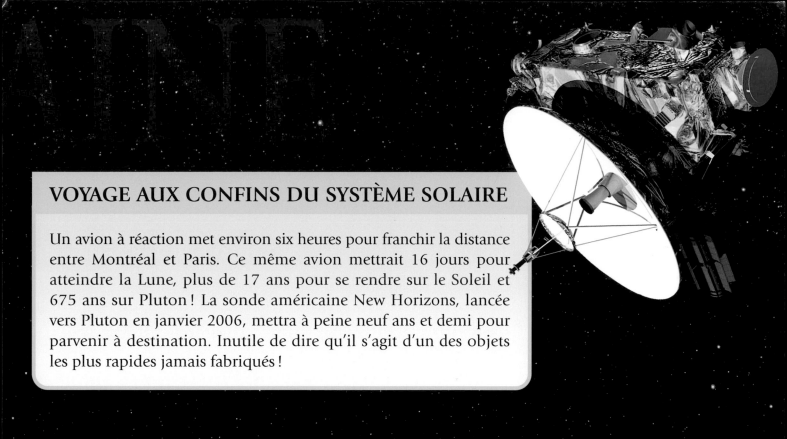

VOYAGE AUX CONFINS DU SYSTÈME SOLAIRE

Un avion à réaction met environ six heures pour franchir la distance entre Montréal et Paris. Ce même avion mettrait 16 jours pour atteindre la Lune, plus de 17 ans pour se rendre sur le Soleil et 675 ans sur Pluton ! La sonde américaine New Horizons, lancée vers Pluton en janvier 2006, mettra à peine neuf ans et demi pour parvenir à destination. Inutile de dire qu'il s'agit d'un des objets les plus rapides jamais fabriqués !

LES SATELLITES DE PLUTON

Pluton possède trois satellites. Charon, le plus gros, a un diamètre équivalant à la moitié de celui de Pluton ! Les deux autres, Nix et Hydra, sont des petites lunes de quelques dizaines de kilomètres de diamètre. Pluton a reçu le nom du dieu romain des enfers. Charon était le batelier qui transportait les âmes des défunts sur le fleuve Styx jusqu'aux enfers. Quant à Nix et Hydra, elles représentent respectivement la déesse égyptienne de la nuit et un monstre terrifiant qu'Hercule terrassa lors d'un de ses douze travaux.

MAGNIFIQUES COMÈTES !

Une comète est une boule de neige sale grosse comme une montagne. Couverte d'une énorme quantité de poussières, elle est plus noire que du charbon. Mais lorsqu'elle s'approche du Soleil, la glace qu'elle contient s'échauffe et produit un vaste nuage de gaz et de poussières. C'est la coma, qui s'étire ensuite en une longue queue soufflée par la chaleur de notre étoile. La queue d'une comète peut mesurer plusieurs millions de kilomètres !

LES SECRETS DES COMÈTES

Les comètes sont des fossiles de l'époque lointaine de la formation du système solaire. Leur étude revêt donc une importance considérable pour les astronomes qui tentent de savoir comment sont apparus le Soleil et les planètes, il y a 5 milliards d'années. Pour mieux comprendre les comètes, on les a observées au télescope, on s'en est approché à l'aide de sondes spatiales, on a même creusé un cratère dans le flanc de l'une d'elle et ramené sur Terre des morceaux de la chevelure d'une autre ! Toutes ces missions spatiales nous renseignent sur l'origine des comètes, sur celle du système solaire et, par la même occasion, sur la nôtre…

OISEAUX DE MALHEUR !

Les comètes ont un vilain défaut : elles sont imprévisibles. Même celles dont on peut prévoir le retour – comme la comète de Halley tous les 76 ans – n'ont jamais le même aspect d'une fois à l'autre. Cette façon qu'ont les comètes d'apparaître sans crier gare leur a valu la réputation d'annoncer les mauvaises nouvelles, comme les guerres, les épidémies ou les famines. Les comètes n'y sont pour rien, bien sûr, mais leur triste renommée a la vie dure !

DES RÉSERVOIRS DE COMÈTES

Les noyaux de comètes se concentrent dans deux régions du système solaire. La ceinture de Kuiper, qui ressemble à la ceinture d'astéroïdes, en contient des dizaines de milliers au-delà de l'orbite de Neptune. Plus loin, aux confins du système solaire, le vaste nuage sphérique de Oort comprend des milliards de comètes glacées. Lorsqu'une d'entre elles quitte ces régions lointaines pour foncer vers le Soleil, elle s'échauffe et devient alors visible.

LA COMÈTE DE M. HALLEY

En 1682, Edmond Halley observe une comète qui va le rendre célèbre. Cet astronome anglais avait entrepris de recenser toutes les apparitions de ces corps mystérieux afin de déterminer si certains d'entre eux effectuaient plus d'un passage à proximité du Soleil. Il remarqua les orbites très semblables de trois comètes apparues à 76 ans d'intervalle, soit en 1531, 1607 et 1682. Il en conclut qu'il s'agissait d'un seul et même objet et prédit son retour pour le début de l'an 1759. Halley ne vécut pas assez longtemps pour assister à son triomphe, mais sa comète réapparut bel et bien au moment et à l'endroit qu'il avait prédits ! Le prochain passage de la comète de Halley à proximité du Soleil aura lieu en 2061.

OBSERVE
LES PLANÈTES !

Maintenant que tu en sais davantage sur les planètes, tu as sans doute très envie de les observer ! Rien de plus facile, mais sache d'abord que les planètes se déplacent constamment dans le ciel et que leur position change d'un mois à l'autre. Pour savoir où les trouver, consulte le site Internet des Astro-jeunes (voir page 48). La plupart des planètes sont visibles à l'œil nu, mais pour voir des détails, tu auras besoin de jumelles ou, mieux encore, d'un petit télescope. Bonne observation !

MERCURE ET VÉNUS, MATIN OU SOIR

Vues de la Terre, Mercure et Vénus ne s'éloignent jamais beaucoup du Soleil. Elles sont donc visibles soit le soir après le coucher du Soleil en direction ouest, soit le matin à l'est avant son lever. Au télescope, les deux planètes présentent des phases, comme la Lune !

MARS EN OPPOSITION

Environ tous les 26 mois, Mars se situe du côté opposé au Soleil par rapport à la Terre. On dit qu'elle est en opposition et c'est le meilleur moment pour l'observer : elle atteint alors son diamètre et sa brillance maximum.

JUPITER, SATURNE ET LEURS SATELLITES

Jupiter et Saturne sont deux planètes fascinantes à observer au télescope. Les bandes sombres de l'atmosphère de Jupiter et les anneaux de Saturne te raviront ! Des jumelles te permettront de repérer les satellites galiléens, mais il te faudra un télescope pour apercevoir Titan.

URANUS, NEPTUNE ET PLUTON

Uranus et Neptune ne sont pas visibles à l'œil nu et ne sont rien de plus que des points de lumière à travers les jumelles. Au télescope, elles apparaissent comme des disques diffus et colorés. Il faut un télescope d'au moins 20 centimètres de diamètre pour apercevoir Pluton.

GUIDE D'OBSERVATION DU SYSTÈME SOLAIRE

Nom	Visible à l'œil nu	Visible avec des jumelles	Visible au télescope	À voir avec des jumelles	À voir au télescope
MERCURE	Oui	Oui	Oui	Mercure près de l'horizon	Phases de Mercure
VÉNUS	Oui	Oui	Oui	Vénus près de l'horizon	Phases de Vénus
MARS	Oui	Oui	Oui	Couleur orangée	Couleur orangée, détails de sa surface (à l'opposition)
ASTÉROÏDES	Non	Difficile	Oui	Déplacement par rapport aux étoiles	Déplacement par rapport aux étoiles
JUPITER	Oui	Oui	Oui	Déplacement des satellites galiléens	Bandes sombres de l'atmosphère et grande tache rouge, ombre des satellites sur la planète
SATURNE	Oui	Oui	Oui	Position par rapport aux étoiles	Anneaux, déplacement de Titan
URANUS	Non	Oui	Oui	Position par rapport aux étoiles	Couleur
NEPTUNE	Non	Non	Oui	——	Couleur
PLUTON ET PLANÈTES NAINES	Non	Non	Difficile	——	Position par rapport aux étoiles
COMÈTES	Oui	Oui	Oui	Nébulosité de la tête de la comète, queue, déplacement par rapport aux étoiles	Nébulosité de la tête de la comète, queue, déplacement par rapport aux étoiles

NAVIGUER VERS D'AUTRES CONNAISSANCES

Si la lecture de ce livre t'a donné le goût d'en savoir plus, visite la page des Astro-jeunes sur le site Internet du Planétarium de Montréal à l'adresse suivante :

www.planetarium.montreal.qc.ca

Tu y trouveras une foule de renseignements et de liens vers d'autres sites passionnants sur l'astronomie. Voici un aperçu de ce que tu découvriras sur ce site :

- un lexique des principaux termes en astronomie
- les phases de la Lune pour chaque jour du mois
- la liste des phénomènes astronomiques à surveiller
- une liste de clubs d'astronomie
- des trucs d'observation

TABLE DES MATIÈRES

Destination : le système solaire 3

Qu'est-ce qu'une planète ? 4

Tour d'horizon.. 6

Les planètes à l'échelle............................... 8

Mystérieuse Mercure 10

Vénus, la planète voilée 12

La Terre, oasis dans l'espace..................... 14

Mars, la planète rouge................................ 18

Y a-t-il de la vie sur Mars ? 22

Cérès et les astéroïdes 24

La géante Jupiter... 28

Les satellites galiléens 32

Saturne, la reine des anneaux.................... 34

Uranus et Neptune, planètes jumelles 38

Pluton, la planète naine.............................. 42

Magnifiques comètes 44

Observe les planètes................................... 46